AF542358

LA VIEILLE
FEMME COLÈRE,
OU
LA CORRECTION CONJUGALE,

FOLIE EN UN ACTE, MÊLÉE DE COUPLETS,

PAR MM. MARÉCHALLE ET PHILADELPHE;

REPRÉSENTÉE POUR LA PREMIÈRE FOIS, A PARIS, LE 28 AVRIL 1823.

PRIX : UN FRANC.

PARIS,
CHEZ QUOY, LIBRAIRE,
ÉDITEUR DE PIÈCES DE THÉATRE,
Boulevard Saint-Martin, N°. 18.

1823.

PERSONNAGES. ACTEURS.

PERSONNAGES.	ACTEURS.
M. DOUCET, ancien inspecteur des eaux et forêts, 60 ans, extrêmement flegme dans la 1re. partie de la pièce. (caricature)	M. *Émile*.
Mme. DOUCET, coquette ridicule de 55 ans environ, blouse, bonnet à la folle, perruque blonde, caractère vif, et emportée à l'excès.	Mlle. *Lecomte*.
JULIE, nièce de Mme. Doucet, ingénue.	Mlle. *Élise*.
ALFRED, officier de houzards, amant de Julie. Costume de chasse, le cordon rouge à la boutonnière, caractère gai.	M. *Leblanc*.
CLAUDE, garçon de ferme, extrêmement lourd.	M. *Louis*.
LOUISON, paysanne simple et gauche. .	Mlle. *Florville*.

La scène est chez M. Doucet, à quelques lieues de Paris.

Note des airs pour l'ouverture.

N°. 1. *Quel carillon ça va fair' dans l'voisinage*. N°. 2. *Il faut des époux assortis*. N°. 3. La fin de l'air : *Y à coups d'pied, y à coups d'poings*. N°. 4. *Mesd'moiselles, voulez-vous danser*. N°. 5. *Femmes sensibles*. N°. 6. La fin de : *Sautez par la croisée*. N°. 7. *Ah! quel scandale abominable*. N°. 8. *La paix, la paix, mes bons amis*. N°. 9. *Au son du fifre et du tambour*.

De l'Imprimerie de Nouzou, rue de Cléry, n°. 9.

LA
VIEILLE FEMME COLÈRE,
FOLIE EN UN ACTE.

Le Théâtre représente un salon, cabinets à droite et à gauche, dans le fond, une porte et deux croisées, un guéridon chargé de porcelaine, chaises, tables, tableaux, etc.

SCÈNE PREMIÈRE.

JULIE, *occupée à ranger.*

Ayons soin que l'ordre règne partout, ma tante peut venir ici d'un moment à l'autre, et je dois ravir à son caractère violent l'occasion de se manifester... ma tâche est difficile, madame Doucet est si prompte et ses emportemens si peu réfléchis.

Air : *Et pourtant papa dit que je suis bête.* (du nouveau Pourceaugnac).

Jusqu'à la démence,
Vont quelques accès;
Mon oncle, je pense,
En voit les effets;
Et dans ses tourmens,
Attend en silence,
Depuis quarante ans,
Quelques bons momens. (*ter*).

Se mettre en colère,
Lui semble un devoir;
D'un retour prospère,
Puis-je avoir l'espoir,
Lorsqu'en ses tourmens,
Mon pauvre oncle espère,
Depuis quarante ans,
Quelques bons momens. (*ter*).

SCÈNE II.

JULIE, ALFRED, *le fusil sous le bras.*

ALFRED.

Bonjour, ma petite cousine.

Air : *Ma belle est la belle des belles.*

Toute la nuit, belle Julie,
Vous étiez présente à mes yeux :
Mon sort était digne d'envie,
Et rien ne manquait à mes vœux.
Ici l'ivresse se prolonge,
Qu'elle est douce après le sommeil !
Je vous vois . . le plaisir du songe
Se double au moment du réveil.

JULIE.

Savez-vous, mon cousin, que vous êtes bien galant pour un chasseur.

ALFRED.

C'est que je n'ai pas encore toutes les qualités du métier, je n'exerce qu'en amateur.

JULIE.

En amateur enthousiaste !.. car c'est pour vous le premier des plaisirs.

ALFRED.

Vous vous trompez... (*il lui baise la main*). Ce n'est que le second.

JULIE.

Je ne conçois pas alors pourquoi vous sortez sitôt et rentrez si tard.

ALFRED.

Par prudence. J'évite ainsi la colère de madame Doucet.

Air : *On dit que je suis sans malice.*

Rien au monde ne la contente.
Quelquefois son serin qui chante,
Ou trop vîte ou trop lentement,
Excite son emportement.

JULIE.

La femme offre, dit-on, sur terre
L'image d'un ange...

ALFRED.

Ah ! ma chère,
Votre tante, en cette maison,
Offre l'image d'un démon.

JULIE.

L'image d'un démon !..

ALFRED.

Auquel je suis peu jaloux de résister, c'est pourquoi, dès le matin, je bats en retraite, contre ma coutume, car vous le savez.

Air : *Des Amazones.*

La retraite est une science
Dans laquelle on est écolier,
Lorsque l'on fit sous les drapeaux de France
Son apprentissage guerrier (*bis*).
Mais quand je suis au sein de ce ménage,
Où nuit et jour s'escrime un vrai démon,
Battre en retraite, alors me paraît sage,
Quoiqu'un houzard n'ait pas peur d'un dragon.
Un houzard n'a pas peur d'un dragon.

JULIE.

Y pensez-vous, Alfred... comparer ma tante à un dragon?..

ALFRED.

J'en ai vu de meilleur qu'elle; hier encore ne m'a-t-elle pas fait une scène épouvantable parce que je lui ai rapporté des perdrix et qu'elle voulait des bécasses... elle pousse souvent ma patience à bout, et il ne faut rien moins que l'espoir d'un prompt hymen avec vous et d'une prompte séparation avec elle, pour me faire supporter ses brusqueries; aussi dès le lendemain de nos noces, je laisse le champ libre au plus terrible ennemi que j'aie jamais rencontré.

JULIE.

Vous jugez ma tante avec trop de légèreté.

ALFRED.

La blâmer est rendre hommage à son sexe tout entier.

JULIE.

Vous croyez donc toutes les femmes, bonnes, douces...

ALFRED.

Toutes?.. je ne dis pas cela. Trop de maris seraient contre moi, mais il en est peu qui profitent comme madame Doucet de la permission d'être sans cesse en hostilité avec la douceur et le bon sens.

JULIE.

Je vous assure qu'elle est moins vive, moins emportée depuis que son mari est à Paris, elle n'a guère par jour, maintenant, que dix à douze accès.

ALFRED.

Le joli petit agneau!.. et vous comptez ça pour rien... ce que c'est que l'habitude... mais pour peu que le tarif des accès soit porté au double à l'arrivée de M. Doucet, nous serons ici dans une jolie petite maison de plaisance.

JULIE.

Depuis peu elle traite ses domestiques avec égards, même avec douceur. (*On entend des plaintes et des cris dans la coulisse*).

ALFRED.

J'entends du bruit... Claude et Louison nous apportent, je le gage, des preuves de l'amabilité et de la douceur de madame Doucet.

SCÈNE III.

Les Précédens, CLAUDE, LOUISON.

(*Ils sortent, en pleurant, de l'appartement de madame Doucet, qui est à la gauche du spectateur, Claude à le revers de sa veste déchirée, Louison un côté de son bonnet arraché*).

CLAUDE, *l'œil noir, un balai à la main.*

Air : *Ah! ah! ah!* (du Savetier et le Financier).

Hé, hé, hé,

LOUISON.

Hi, hi, hi,

CLAUDE.

Oh! oh! oh!

ENSEMBLE.

Ma foi, c'en est trop,
Ça tombait sur nous comm' la grêle.

CLAUDE.

Hé, hé, hé,

LOUISON.

Hi, hi, hi,

CLAUDE.

Oh! oh! oh!

ENSEMBLE.

Vraiment c'en est trop,
Et d'ici j'sortirons bentôt.

LOUISON.

C'est chaqu' jour nouvell' querelle.

CLAUDE.

C'est chaqu' jour des coups nouveaux.
J'resterais ben... mais mon dos
Ne veut plus rester chez elle.

(*Comme ci-dessus*).

Hé, hé, hé, hi, hi, hi, oh! oh! oh! etc.

ALFRED.

Que t'est-il donc arrivé, mon pauvre Claude ?..

CLAUDE.

Des coups, monsieur.

JULIE.

Et toi, Louison ?

LOUISON.

Moi, c'est ben autr' chose, c'est des claques.

CLAUDE.

Ell' daubait sur moi, ni plus ni moins qu' sur un âne.

LOUISON.

Une main d'bois n's'rait pas plus dure.

JULIE.

Je suis persuadée que vous aurez encore manqué à ma tante.

CLAUDE.

En tout cas, ell' nous a pas manqués elle.

ALFRED.

Et quel était le motif d'une aussi grande colère ?

CLAUDE.

Moi, c'est parce que son chien, qui croyait m'mordre la jambe, a mordu l'manche de c'balai et qui s'est cassé un croc.. v'là pourquoi qu'elle a une dent contre moi.

ALFRED, *souriant.*

C'est une raison valable.

LOUISON.

Moi, c'est à cause de son perroquet, c'te pauvre bête, c'est comme nous, il r'çoit plus d'coups que de caresses, et j'ai pâti pour lui, parce qu'il n'a pas voulu appeler madame, « *bonne maîtresse* ».

CLAUDE.

Il a joliment ben fait, l'perroquet, il a du caractère.

ALFRED *à Julie.*

Eh ! bien, excuserez-vous encore votre tante ?

LOUISON.

En entrant ici j'savais qu'en sus des gages, y avait encore queuqu'chose à recevoir, mais je ne croyais pas qu'la place était si avantageuse.

CLAUDE.

Ben sûr, madame finirait par faire de moi un invalide, elle m'a déjà ébréché. (*il montre son œil*). Elle m'abattrait queu qu'membre, et ça n'm'irait pas, voyez-vous, comme j'vas bentôt épouser Louison, j'veux qu'elle m'ait en totalité.

LOUISON.

T'as raison, Claude, conserve ta tête.

CLAUDE, *à Louison.*

Et toi, conserve ton dos. J'vas faire mon paquet.

ALFRED.

Encore un peu de patience.

CLAUDE.

Non, non, j'm'étais risqué pour une douzaine de soufflets, et comme l'onzième est encore tout chaud, j'nous disposons à filer.

(*On entend appeler dans la coulisse:* Claude, Louison, Julie; *plusieurs sonnettes se font entendre à la fois, grand bruit*).

LOUISON.

V'là l'carillon qui commence.

JULIE.

Courez donc auprès de ma tante.

CLAUDE.

Je n'sommes pas payés pour nous presser. (*nouveau bruit*). Fait-elle du bruit pour une personne seule!..

LOUISON, *s'éloignant de la porte de madame Doucet.*

On y va, on y va.

CLAUDE, *se rangeant près d'elle.*

V'là que j'courons, v'là que j'courons.

SCÈNE IV.

Les Précédens, MAD. DOUCET, *sortant de son appartement, qui est à la gauche du spectateur.*

MAD. DOUCET.

Enfin, vous voilà tous! quelle femme pourrait conserver son sang froid en pareille circonstance!.. depuis vingt secondes, au moins, j'appelle, je m'égosille, je frappe, je sonne, personne ne vient... et mes domestiques diront que je suis ridicule parce que je les gronde quand ils ne me répondent pas ; méchante, parce que je les châtie quand ils me répondent ; et intéressée, parce qu'ils payent de leurs gages les sonnettes que leur lenteur me fait casser.

CLAUDE, *à part.*

L'plus souvent que j'paierai ces sonnettes-là.

MAD. DOUCET, *à Claude et à Louison.*

Voyons, que faisiez-vous là ?

CLAUDE, *reculant toujours.*

J'disais, on y va, on y va, quand vous êtes entrée.

LOUISON, *tranquillement.*

Moi, j'allais prendre mon élan.

MAD. DOUCET, *à sa nièce.*

Et vous, Julie, vous restiez muette, sourde, immobile, ne pouviez-vous me les envoyer, les suivre, les pousser dehors, mais non, vous n'avez jamais rien su faire qui pût m'être utile ou agréable.

JULIE.

Ma tante, je vous assure...

MAD. DOUCET.

Ma nièce, vous êtes une sotte.

ALFRED, *avec douceur.*

Madame Doucet...

MAD. DOUCET.

Et vous, un jeune suffisant, qui croyez que votre grade vous dispense de tous égards.

ALFRED, *de même.*

Vous ne voyez pas juste, madame, et...

MAD. DOUCET, *d'un ton piqué.*

Je ne vois pas juste !.. m'a-t-on jamais parlé de la sorte !.. M. Alfred, madame Doucet voit toujours juste, pense toujours bien, et ne dit jamais rien de trop.

CLAUDE, *à Louison.*

V'là qu'elle entame l'officier, gare la bombe.

MAD. DOUCET.

M. Claude, vous êtes un insolent.

LOUISON, *à part.*

Il a aussi son paquet.

MAD. DOUCET.

Jusqu'à mademoiselle qui se permet des réflexions... et vous, M. Alfred, vous souffrez leur impertinence.

ALFRED, *à part.*

Le thermomètre monte, disons comme elle. (*haut*). Claude, Louison, il vous sied mal de tenir tête à madame Doucet, sortez.

MAD. DOUCET, *à Alfred.*

Eh! de quoi vous mêlez-vous, s'il vous plait?.. ne puis-je seule me faire obéir? qui vous a chargé de commander chez moi?.. qui vous l'a dit?.. ne suis-je pas la maîtresse?.. on n'est pas plus à plaindre!.. il semble que chacun prenne à tâche de m'obséder, de me contrarier, de me mettre en fureur. Il ne manque plus que le retour de mon mari, et justement ce cher Mimi arrive ce matin, rien ne sera prêt pour le recevoir, pas même le dîner; croyez-moi. partez, dépêchez-vous, il est des bornes à tout, même à la bonté...

CLAUDE, *à part.*

Elle ne connait guère ces bornes-là.

MAD. DOUCET.

Claude à la cave, Louison à la cuisine, Julie au fruitier et Alfred à la chasse. (*Chacun est dans son coin sans oser bouger*). Mais allez donc, partez donc, hâtez-vous donc, je meurs d'impatience, mes nerfs se crispent, la fièvre me prend, mon sang bout, ma tête part et vous restez-là?... (*Trépignant et les poussant dehors*). Mais sortez donc, sortez donc. (*Ils sortent précipitamment, craignant que madame Doucet ne les frappe*).

SCÈNE V.

MAD. DOUCET, *seule, d'un ton très-doux.*

Ne dirait-on pas que je suis la femme du monde la plus difficile à vivre et la plus susceptible... moi qui me contente de la moindre chose faite à propos. Je veux dans mes domestique, du zèle, de la fidélité, de l'obéissance, de l'exactitude, de l'honnêteté et de la douceur. Je désire trouver dans mes amis, des égards, de l'amabilité, des attentions, da la bonne humeur et des prévenances. Je demande à mon mari qu'il ait pour moi, des soins, de la complaisance, qu'il me sacrifie ses goûts et ses volontés, qu'il ne me contrarie jamais, qu'il satisfasse tous mes caprices, qu'il prévienne tous mes désirs et qu'il me laisse chez moi maîtresse absolue... il me semble que tout cela est bien naturel, certainement, je ne vois là, rien de ridicule, et je ne suis pas plus emportée que je ne suis exigeante... mais allons faire le tour du jardin, le grand air m'est je crois nécessaire, j'ai la tête... (*Se trouvant près de la croisée*). Ah! mon dieu! la neige tombe en abondance, les élémens aussi conspirent contre moi. (*On entend du bruit au dehors*). J'entends le bruit d'un carosse. (*Elle regarde*). C'est la cariole de M. Doucet... par quel temps il s'est mis en route... il faudrait que je fusse toujours près de lui, pour l'empêcher de faire des sottises...

Air : *Il ne vient pas, où peut-il être,* (du Secret).

A tort, il dit que je m'emporte,
Lorsque moi, j'ai toujours raison.
Peut-on revenir de la sorte,
Dans une pareille saison!.. (*bis*).
Si j'étais vive, atrabilaire,
Vive, atrabilaire,
Je le grouderais aujourd'hui.

(*Se contenant à peine*).

Mais je ne suis point en colère,
C'est bien heureux pour mon mari.

SCÈNE VI.

M. DOUCET, *tout couvert de neige et portant plusieurs cartons*, MAD. DOUCET.

DOUCET, *très-calme et s'approchant pour l'embrasser.*

Bonjour, Bobonne.

MAD. DOUCET, *avec humeur.*

Il faut convenir que vous choisissez bien votre temps. (*M. Doucet recule d'un pas*). Vous n'en faites jamais d'autre, vous auriez dû...

DOUCET.

J'aurais dû faire couvrir ma cariole comme j'en avais l'intention.

MAD. DOUCET, *d'un ton impératif.*

Je ne le veux pas, moi, on étouffe dans ces sortes de voiture lorsqu'elles sont couvertes.

DOUCET.

Oui, mais on ne perd pas un coup de vent, ni une goutte d'eau, lorsqu'elles ne le sont pas.

MAD. DOUCET.

On attend le beau temps pour revenir, exposer ainsi vos habits, mes cartons et surtout votre jument.

DOUCET, *posant les cartons sur une table à droite.*

Quant à moi...

MAD. DOUCET, *pensant à son cheval.*

Pauvre bête!..

DOUCET, *continuant.*

Je me suis rafraichi en route. Mais, sais-tu, Bobonne, que je ne sais comment faire pour te contenter, tu t'emportes l'été contre le soleil qui peut gâter mon teint, et tu te fâches l'hiver contre le froid qui me met à la glace.

MAD. DOUCET.

Eh! bon dieu! que peut sur vous la température!.. mais voyons, mon ami, avez-vous fait mes commissions?

DOUCET.

Belle demande! je n'ai été à Paris que pour ça. J'ai couru toutes les boutiques depuis la rue Bétizy jusqu'à la rue des Singes... dans la rue de la Paix, je n'ai rien trouvé qui te convînt...

MAD. DOUCET.

Enfin, M. Doucet.

DOUCET.

Enfin, j'ai fait mes emplettes *aux Magots*, et les tiennes *au diable à quatre.*

MAD. DOUCET, *avec impatience.*

Voyons d'abord ma pelisse, je vous l'ai demandée à la mode.

DOUCET.

Un moment, Bobonnne, un moment, je vais te faire voir cela. (*Il ouvre un carton et en retire une pelisse Écossaise à grands carreaux jaunes, rayés de noir*).

MAD. DOUCET.

Ah! quelle horreur!..

DOUCET.

Elle est du meilleur goût; toutes les femmes en ont, les hommes mêmes en portent à Paris.

MAD. DOUCET.

Qu'ils en portent, si cela les amuse, moi, je n'en veux pas porter.

DOUCET.

Mais puisque c'est la mode.

MAD. DOUCET.

Suivez-là et allez au diable avec elle. (*Elle lui jette la pelisse au nez*).

DOUCET, *repliant sa pelisse.*

Moi qui l'apportait comme une preuve de galanterie.

MAD. DOUCET.

Dites-donc plutôt de mesquinerie. Vous m'avez fait faire une pelisse avec la couverture de Cocotte.

DOUCET.

Avec la couverture de ma jument! en voici bien d'un autre... toujours des idées biscornues.

MAD. DOUCET.

Biscornues, M. Doucet?..

DOUCET.

Oui, madame, c'est comme le jour de nos noces, où vous vous êtes figurée que j'avais pris mes rideaux de damas, pour vous faire faire un caraco à la modeste et une robe à la vierge, et dieu sait...

MAD. DOUCET.

Et dieu sait... M. Doucet, avez-vous réfléchi à cette apostrophe?..

DOUCET.

Ce n'est pas une apostrophe...

MAD. DOUCET.

Plaisantez-vous?

DOUCET, *continuant sa phrase.*

Pas du tout.

MAD. DOUCET.

Ah! vous ne plaisantez pas?

DOUCET.

Eh! bien, si, ma petite femme, je plaisante.

MAD. DOUCET.

Ah! vous plaisantez!.. eh! bien, je n'aime pas qu'on plaisante sur cet article-là.

DOUCET.

Écoute donc, si tu interprète...

MAD. DOUCET.

Oui, monsieur, j'interprête. Me prenez-vous pour une

idiote, croyez-vous que je ne sois pas encore d'âge à sentir les applications, à les apprécier, à les peser, à les comprendre?..

DOUCET, *croyant la calmer.*

Ma petite colombe...

MAD. DOUCET.

Taisez-vous, serpent... M. Doucet, vous m'avez abusée, séduite, trompée...

DOUCET, *à part.*

En voilà bien d'un autre.

MAD. DOUCET, *continuant.*

Je devine maintenant votre dessein, vous voudriez par des humiliations, des contrariétés, et surtout des privations de toute espèce, me forcer à une séparation, mais vous n'y réussirez pas.

DOUCET.

Mais, chère amie, je n'ai pas dit un mot de cela.

MAD. DOUCET.

M. Doucet, prenez-y garde... vous me ferez sortir de mon caractère.

DOUCET, *à part.*

Ce serait bien heureux pour moi.

MAD. DOUCET, *pleurant.*

N'avez-vous pas de honte d'abuser ainsi de votre autorité, de ne trouver des charmes que dans mes tourmens, ah! c'est affreux! vous m'abreuvez d'amertume et de larmes...

(*Elle s'assied*).

DOUCET, *avec bonté.*

Mois écoute donc, ma poulette...

MAD. DOUCET, *se levant brusquement.*

Maudit soit le premier qui conçut l'idée du mariage!.. quel tourment affreux!.. quel esclavage terrible! heureuse la femme qui n'a point, ou qui n'a plus de mari. Un époux, c'est un démon qui poursuit, un monstre qui effraye, c'est un être exigeant, grondeur, entêté, capricieux, avare, jaloux, cruel, bizarre, ridicule, enfin, un assemblage complet de toutes les imperfections et de tous les vices, voilà votre portrait, M. Doucet, et celui de tous les hommes. (*Elle sort*).

SCÈNE VII.

DOUCET, *seul.*

Eh! bien, il est joli le portrait... enrhumez-vous donc pour vos femmes.... exposez-vous en cariole découverte, par la gelée... (*Il ote sa redingotte*). Ai-je du guignon, en ai-je ?.. en ai-je ?.. (*Il secoue sa redingotte, la neige tombe*). Ah! madame Doucet, vous regrettez le temps où vous étiez fille, je le regrette bien aussi, moi, vous aviez alors, ce que vous n'avez plus : des charmes, de l'amabilité, de la douceur, et... et moi, j'avais ma liberté de garçon; je croyais après une absence de quinze jours, trouver ma femme changée, mais il me paraît qu'elle est constante dans ses goûts; prenez-y garde, M. Doucet, prenez-y garde, cette colère, ces emportemens doivent vous faire craindre pour l'avenir... un jour, le geste pourrait suivre la menace et alors... parons ce coup-là... il me vient une idée... pourquoi pas ?.. oui, esseyons, la chance est douteuse, il y a trente ou quarante ans ma femme était beaucoup mieux pour une épreuve.

Air : *Vaudeville de l'Avare.*

Ah! si je la rends moins méchante,
M'applaudir me sera permis :
De l'enfer, alors je me vante
Que j'aurai fait un paradis.
Pour rendre femm' bonne et sensible,
Il faut être bien disposé;
Un' jeun', dit-on, c'n'est pas aisé,
Un' vieill' c'est peut-être impossible.

C'est égal, tentons l'entreprise, si je ne réussis pas à corriger ma femme.

» J'aurai du moins l'honneur de l'avoir entrepris. »

SCÈNE VIII.

DOUCET, JULIE, *portant une robe de chambre et un bonnet de soie noir.*

JULIE.

Bonjour, mon oncle.

DOUCET.

Eh! c'est toi, mon enfant!..

JULIE.

Oui, mon oncle, j'ai su qu'en route vous aviez été surpris par la neige et je vous apporte votre robe de chambre et votre bonnet.

DOUCET, *mettant son bonnet.*

Qu'est-ce que tu dis, surpris! j'ai été assailli, englouti... j'étais dans ma cariole, comme dans une gorge des Alpes... je n'en ferai pas de gorges chaudes, je t'en réponds.

JULIE, *lui présentant sa robe de chambre.*

Changez vîte.

DOUCET.

Non, non, ce n'est pas la peine.

Air : *La maison de M. Vautour.*

Moi, je fus toujours curieux
Des découvertes qu'on publie;
J'ai lu des secrets merveilleux
Dans un dictionnair' de chimie.
Et quand je suis gelé, transi,
Je me garde d'un feu qui chauffe;
Or, je resterai donc ainsi,
Parce que la neige réchauffe. } (*bis*).

(*Soufflant dans ses doigts*). Et j'attends.

JULIE.

Vous n'avez pas encore vu ma tante, je vais la chercher. (*Elle va pour sortir*).

DOUCET, *la retenant.*

Garde-t'en bien, je l'ai vue et entendue, qui plus est... est-ce que tu ne l'a pas entendue, toi ?..

JULIE.

Non, mon oncle.

DOUCET.

Alors, tu étais au moins à une demi-lieue d'ici. Tu te promenais, je gage, avec Alfred... n'est-ce pas qu'il est aimable ?..

JULIE.

Oui, mon oncle.

DOUCET.

Il a un bien grand défaut... c'est dommage...

JULIE.

Un grand défaut !.. vous m'effrayez !..

DOUCET.

Il aime trop la chasse.

JULIE.

Oh ! non, mon oncle, il ne fait la guerre au gibier que par amour pour la paix.

DOUCET.

Je t'entends... ma femme l'oblige à déserter la maison... elle m'en fera bientôt sortir aussi.

JULIE.

Ah! mon oncle!..

DOUCET.

Oui, oui, je crois qu'elle a envie de me faire chasser...

Air : *L'asile aux Muses consacré.*

Alors, je vous quitterai tous...
Hélas! je battrai la campagne.
D'un sort cruel bravant les coups,
Je délaisserai ma compagne.
Je courrai les champs, les marais...

JULIE.

Les bois, si rien ne vous arrête.

DOUCET.

Ah! les bois...

Inspecteur des eaux et forêts,
J'ai des bois par dessus la tête.

JULIE.

Peut-être n'en serez-vous pas réduit là.

DOUCET.

Je l'espère, j'ai formé certain projet... je veux rendre ta tante aussi douce que toi, ce n'est pas une petite affaire. Viens avec moi, voyons si son accès dure encore, et alors je commencerai de suite mon expérience.

JULIE.

Comment, mon oncle, une expérience sur ma tante!...

DOUCET.

Rassure-toi, ce n'est pas une expérience de médecin, ça ne lui fera pas de mal.

(*Ils vont pour entrer chez madame Doucet*).

SCENE IX.

Les Précédens, CLAUDE, *venant du dehors.*

CLAUDE.

Monsieur, monsieur, venez donc, elle fait le diable, elle casse tout.

DOUCET.

Parbleu, ce n'est pas du nouveau pour moi.

CLAUDE.

Elle fait un vacarme, elle mord, elle donne des coups de pied, enfin, je ne l'avons jamais vue comme ça.

DOUCET.

Allons, allons, décidément la correction est nécessaire.

CLAUDE.

Ah! ben oui, la correction n'y fera rien, elle se roule, elle caracole...

DOUCET.

Comment, elle caracole?

CLAUDE.

J'lui avons déjà cassé sur le dos, deux longes et un fouet, elle n'en saute que d'plus belle.

DOUCET.

Tu lui a cassé sur le dos...

CLAUDE.

Deux longes et un fouet.

DOUCET.

Mais, de qui diable me parles-tu?

CLAUDE.

D'Cocotte.

DOUCET.

Et moi, qui croyait qu'il était question de ma femme.

CLAUDE, *à part.*

Oh! elle est bonne, celle-là, il a cru que je parlais d'sa femme... c'que c'est que d'être prévenu en faveur de quelqu'un. (*haut*). Au fait, monsieur, quoique faut que j' fasse?

DOUCET.

Écoute, mon ami, je vais te le dire.

CLAUDE.

J'suis tout oreille.

DOUCET.

Je sais cela. Tu sauras donc que l'on corrige les animaux comme nous.

CLAUDE.

Les animaux comme nous?..

DOUCET.

C'est-à-dire, on corrige les animaux comme on nous corrige. Celui qui fait le plus de bruit, fait taire l'autre, ça se voit partout, imite d'abord Cocotte, et si cela ne te réussit renchéris sur elle, fais deux fois ce qu'elle ne fera qu'une, et tu en viendras à bout.

CLAUDE.

C'est donc à dire que si elle mange un picotin, faudra qu'j'en mange deux?

DOUCET, *entrant chez sa femme avec Julie.*

Quatre, s'il le faut, mais corrige-la.

SCENE X.

CLAUDE, *seul.*

Quatre... c'est ça, au prix où est fourrage, est-il bon, notr' maître, j'voudrais ben l'y voir; mais pourquoi qu'il n'fait pas avec sa femme c'qu'il m'dit d'faire avec Cocotte... puisqu'il lui laisse la bride sur le cou, il m'semble que j' peux ben en faire autant... j'avais toujours dit que c'te petite bête-là tournerait à mal, elle avait d'mauvais exemples sous les yeux, et n'y a rien d'contagieux comme ça.

SCÈNE XI.

CLAUDE, LOUISON, *sortant de chez madame Doucet.*

LOUISON.

Ah! si vous saviez, si vous saviez!..

CLAUDE.

Quoi donc?...

LOUISON.

N'y aura bentôt plus moyen d'y tenir, elle saute, elle se jette à droite, elle se jette à gauche, elle trépigne, ah! qu'elle est mauvaise, ah! qu'elle est mauvaise!

CLAUDE.

Je l'savons comme vous, puisque j'la quittons à l'instant.

LOUISON

Y a du danger près d'elle, tout d'même.

CLAUDE.

J'crois ben, surtout quand ell' rue.

LOUISON.

C'est d'plus fort en plus fort, quoi, elle brise tout.

CLAUDE.

Est-ce qu'elle a cassé le brancard?

LOUISON.

Qui?.. madame Doucet?

CLAUDE.

Non, Cocotte. (*On entend du bruit chez madame Doucet*).

LOUISON.

T'nez, t'nez, entendez-vous?..

CLAUDE.

Quoi donc qu'elle a encore?

(*Il se met près de la porte comme pour écouter*).

SCÈNE XII.

Les Précédens, DOUCET, JULIE.

DOUCET, *il jette Claude à terre en sortant de chez sa femme.* (*très-haut*). Il faut qu'on marche droit.

CLAUDE, *se relevant et boitant.*

C'n'est sans doute pas pour moi qui dit cela.

DOUCET, *doucement à Julie.*

Obéis, mon enfant, et dépêche-toi. (*Julie sort*).

SCÈNE XIII.

Les Précédens, MAD. DOUCET, *un peu à près.*

DOUCET, *élevant la voix.*

Cela vous surprendra, madame Doucet, mais je vous tiendrai tête.

MAD. DOUCET, *à la porte de son appartement.*

Essayez et vous verrez.

DOUCET, *à la porte opposée.*

Eh! bien, j'essayerai.

MAD. DOUCET.

Je mettrai la maison sens dessus dessous.

DOUCET.

Je vous imiterai.

MAD. DOUCET.

Vous aurez de la besogne.

DOUCET.

Je vous surpasserai.

MAD. DOUCET.

Je briserai jusqu'au dernier meuble.

DOUCET.

Je renchérirai sur vous.

MAD. DOUCET.

Je commence.

DOUCET.

Cela ne me fait pas peur.

MAD. DOUCET, *jettant en scène des robes qu'elle est censée prendre dans son appartement.*

Air : *Pas d'étroit, de noir séjour.* (des Petites Danaïdes ou du Château de mon Oncle.

Voici vos jolis présens

DOUCET, *jettant en scène deux chapeaux à trois cornes, qu'il est aussi censé prendre dans son appartement.*

Voici vos cadeaux charmans!..

ENSEMBLE, *chacun sur le seuil de leur porte et se regardant d'un air menaçant.*

Je prétends, (*bis*).
Être { maîtresse / le maître } céans.

MAD. DOUCET.

Ah! vous n'êtes pas au bout.

DOUCET.

Ici, je veux briser tout.

MAD. DOUCET.

Me tenir tête, à moi?

DOUCET.

On doit suivre en tout ma loi.
(*Brisant un vieux buste en plâtre*).
Voici votre bosse.

MAD. DOUCET.

O conduite atroce!
(*Brisant un tableau*).
Voici votre portrait :
On n'en voit pas d'aussi laid.

(*Monsieur et madame Doucet disparaissent un instant chacun de leur coté*).

CLAUDE, *qui est resté au fond avec Louison.*

C'est comm' un' p'tite guerre.

LOUISON, *qui a ramassé tous les effets de madame Doucet.*

Ah! laissons-les faire.

Grâce à leur vertigo,
Je vais monter mon trousseau.

(*Monsieur et madame Doucet reparaissent chacun sur le seuil de leur porte, et jettent de nouveau des robes, des habits, etc. Claude et Louison, au milieu, ramassent à mesure*).

ENSEMBLE.

DOUCET ET MAD. DOUCET.

Voici vos jolis présens;
Voici vos cadeaux charmans.
Je prétends, (*bis*).
Etre {maîtresse / le maître} céans
Ah! vous n'êtes pas au bout,
Ici, je veux briser tout.
Me tenir tête, à moi!
On doit suivre en tout ma loi.

CLAUDE ET LOUISON, *à part*.

Pour moi, quels momens charmans,
Avec ses ajustemens,
Je prétends, (*bis*).
Me parer à soixante ans.
Ils disent qu'ils n'sont pas au bout;
Dieu veuill' {qu'il / qu'ell'} me donne tout;
Rien n' traîn'ra, sur ma foi,
De c'qui tomb'ra près de moi.

MAD. DOUCET, *rentrant chez elle*.

Je n'ai pas encore fini.

DOUCET, *rentrant chez lui*.

Ni moi non plus.

SCÈNE XIII.

CLAUDE, LOUISON, ALFRED.

ALFRED.

Monsieur Doucet est arrivé, tout va-t-il bien ici?

CLAUDE, *emportant les effets qu'il a ramassés*.

Très-bien, dieu merci. (*Il sort*).

LOUISON, *de meme que Claude*.

J'voudrais qu'ça fut tous les jours de même. (*Elle sort*).

ALFRED, *ne comprenant pas leurs discours, se dirige vers la porte de M. Doucet*.

Que signifie?

DOUCET, *dans la coulisse*.

Voici l'Encyclopédie.

(*Le livre vient tomber aux pieds d'Alfred*).

ALFRED, *reculant.*

Ah! mon dieu! (*Il se retourne vers l'appartement de madame Doucet*).

MAD. DOUCET, *dans la coulisse.*

Voilà la collection du Moniteur. (*Elle vient tomber aux pieds d'Alfred*).

ALFRED.

C'est donc un bombardement!...

DOUCET, *de même.*

A vous, le mérite des femmes, étudiez-le.

MAD. DOUCET, *de même.*

A vous, l'art de plaire, vous en avez besoin.

ALFRED.

L'engagement devient sérieux.

SCÈNE XIV.

ALFRED, M. et MAD. DOUCET.

(*Ils entrent en scène, ramassent différens objets qu'ils jettent par les fenêtres, renversent les chaises et les tables*).

DOUCET.

Tenez.

MAD. DOUCET.

Encore celui-là.

DOUCET.

Jusqu'au dernier, tout y passera.

MAD. DOUCET, *près du guéridon qu'elle menace de renverser.*

Vous rendez-vous enfin ?..

DOUCET, *prenant une attitude imposante.*

Un mari brise et ne se rend pas.
(*Madame Doucet renverse le guéridon*).

ALFRED, *à M. Doucet.*

Passez-lui quelque chose.

DOUCET.

Je ne lui passerai plus rien.

ALFRED.

Songez à son sexe...

DOUCET.

A son âge, il n'y a plus de sexe.

MAD. DOUCET, *saisissant une guitare qu'elle va briser sur la tete de son mari.*

Insolent !..

DOUCET, *se mettant en garde avec une flûte.*

Qu'est-ce à dire, madame ?..

ALFRED, *au milieu d'eux.*

Calmez-vous.

MAD. DOUCET.

Oui, ma vengeance dédaigne un aussi triste instrument. (*Elle sort sa guitare à la main*).

SCÈNE XV.

DOUCET, ALFRED.

ALFRED.

En vérité, M. Doucet, vous m'étonnez.

DOUCET.

Je crois bien, je m'étonne moi-même. (*très-haut*). Vous en verrez bien d'autres. (*à Alfred*). C'est charmant !.. c'est délicieux !

ALFRED.

Mais vos porcelaines sont brisées.

DOUCET, *à la porte de sa femme, et élevant la voix.*

Elle se servira de faïence ou de terre de pipe.

ALFRED.

Vous avez brisé jusqu'à votre lit.

DOUCET, *de même.*

Elle couchera par terre, il faut la mener durement.(*àpart*). Elle n'y est pas accoutumée. (*haut*). Nous verrons quel est le chef de la communauté, et si la quenouille doit commander. (*à Alfred*). Mon ami, je n'en puis plus. (*il s'essuye avec son mouchoir*).

ALFRED.

L'affaire à été chaude.

DOUCET.

Ce qui me console c'est que je ne suis pas le premier homme qui ait une méchante femme.

ALFRED.

Et vous ne serez pas le dernier.

DOUCET.

Air : *Un homme pour faire un tableau:*

Socrate, ce sage vanté,
Eut une épouse acariâtre;
Toujours, cet ange de bonté
Chez lui le battait comme plâtre.
Elle se comportait ainsi,
Et lui, souffrait tout de l'ingrate.
J'espère prouver aujourd'hui
Que je ne suis pas un Socrate.

ALFRED, *à part.*

C'est facile.

DOUCET.

Maintenant je vais lui écrire et avec de la bonne encre, prête-moi ton crayon... car je n'ai plus d'écritoire... (*regardant autour de lui*). Maintenant prête-moi ton dos, je n'ai plus de table.

ALFRED.

Quoi, vous voulez?..

DOUCET.

Avec la meilleure volonté du monde, je ne puis pas me mettre sur le mien. (*Alfred se met à genoux, M. Doucet écrit sur son dos*). Ma lettre sera foudroyante... j'y mettrai le temps.

ALFRED, *que l'attitude n'arrange pas.*

En pareille circonstance, ce qu'on écrit vîte est toujours bien.

DOUCET.

Je vais te lire le commencement.

ALFRED, *s'impatientant.*

Non, non, passez à la fin.

DOUCET.

Mon dieu, ne remue donc pas comme ça, écoute. (*Il lit*).
» Femme violente et querelleuse, je suis fatigué. »

ALFRED.

Pas autant que moi, et j'ôte la table. (*il se relève*).

DOUCET.

Tu n'es pas aimable... heureusement, j'ai mon genou... (*Il écrit sur son genou*).

SCÈNE XVI.

Les Précédens, JULIE.

JULIE.

Mon oncle, tout est prêt.

DOUCET, *toujours en écrivant.*

Te voilà ?.. tu arrives à propos... tu vas porter cette lettre à ta tante.

JULIE, *étonnée.*

Une lettre ?.. (*à Alfred*). Que signifie ?..

ALFRED.

Je ne suis pas encore initié.

DOUCET.

Alfred, où est ta poire à poudre ?

ALFRED, *la montrant à son côté.*

La voici.

JULIE, *à son oncle.*

Aurez-vous le courage de donner le signal ?

DOUCET, *montrant Alfred.*

Oh ! mon bras droit est là pour le coup de feu. Mais faisons voir à madame Doucet que je ne suis pas réfroidi. (*très-haut à la porte de sa femme*). On verra ce que c'est qu'un mari qui sort de ses gonds, j'ai de la tête et du front, malheur à qui s'y pique. (*à Julie*). Vas maintenant remplir ton ambassade. (*à Alfred*). Et nous, allons tenir le congrès conjugal.

ALFRED.

Franchement, dans cette affaire, je redoute un ennemi tel que madame Doucet... j'aimerais mieux tenir tête à cent cosaques.

DOUCET.

Eh ! bien, chacun son goût, moi, j'aimerais mieux avoir affaire à cent madame Doucet qu'à un seul cosaque, je n'aime pas ces gens-là. (*Il entre avec Alfred dans son appartement, et Julie va frapper à la porte de madame Doucet*).

SCÈNE XVII.

JULIE, MAD. DOUCET, *sortant de chez elle.*

MAD. DOUCET.

Que me veut-on ? n'aurai-je pas un seul instant de tranquillité ?...

JULIE.

Je vous apporte une lettre de mon oncle.

MAD. DOUCET.

Une lettre de M. Doucet !.. voilà la première depuis celle qui sut arracher à ma faiblesse le oui fatal.

JULIE, *à part.*

Allons à la ferme exécuter les ordres de mon oncle.

(*Elle sort*).

SCÈNE XVIII.

MAD. DOUCET, *seule.*

Que peut-il m'écrire ?.. voyons. (*elle lit*). « Femme violente et querelleuse, je suis fatigué de votre irritabilité quotidienne et de vos lubies domestiques ; j'ai additionné le résultat de vos accès, et j'ai trouvé dans le budjet matrimonial le défécit de 22,544 fr. 25 centimes, pour la brise et la casse, il me reste donc, pour être au pair et me balancer avec vous, à mettre le feu à ma ferme de Beauséjour. » Mettre le feu à ma ferme !.. (*continuant*). « Heureux si par ce sacrifice, je parviens à corriger une femme qui ne doit peut-être ses emportemens qu'à la parresse que donne la fortune ; pauvre, elle deviendra meilleure, et ne fera plus de dégât, lorsqu'elle n'aura rien à briser. Je la fuis pour toujours ».

Son ex-époux, Agnelet-Boniface-Mimi Doucet de la Canardière.

« *P. S.* J'ai entre les mains, les diamans, je vais faire une expérience de physique et je les ferai fondre ».

Fondre mes diamans !.. mais, monsieur Doucet est donc fou et furieux ! Louison, Claude, Julie... je suis vive, emportée, mais facile à appaiser... fondre mes diamans !.. Julie, Claude, Louison.

Air : *C'est charmant !* (des Gardes-Marine).

Au secours. (*bis*).
(*à part*). Quel démon ici l'inspire ?
Au secours, (*bis*).
Vraiment ce n'est pas pour rire.
Le mal va devenir pire,
Car de colère j'expire,
Si de son affreux délire
Je n'arrête point le cours.

SCÈNE XIX.

MAD. DOUCET, CLAUDE, LOUISON.

ENSEMBLE.

MAD. DOUCET, *de même qui ci-dessus.*

Au secours, etc.

CLAUDE ET LOUISON, *à part.*

Du secours, (*bis*).
J'crois que l'diable ici l'inspire.
Du secours, (*bis*).
Ah! vraiment son mal empire;
Contr' notr' repos ell' conspire.
Ben sûr, n'y aura pas d'quoi rire,
Si de son affreux délire
On n'peut arrêter le cours.

MAD. DOUCET.

Claude, vas vite à la ferme, des malveillans veulent y mettre le feu, préviens un si grand malheur, s'il en est temps encore.

CLAUDE.

S'il n'est plus temps, notr' bourgeoise, j'la ferons assurer.

MAD. DOUCET.

Toi, Louison, tâche de sauver quelques uns des effets que nous avons jettés par les fenêtres.

CLAUDE.

Je n'sais pas trop si j'pourrons en sauver, tous ceux qui les ont ramassés, se sont sauvés avec.

LOUISON.

L'marchand de vin a emporté l'tableau du déluge.

CLAUDE, *revenant.*

L'chat jouait avec votr' cache-folie.

LOUISON, *de même.*

L'aubergiste du grand Cerf a le portrait de M. Doucet pour enseigne.

CLAUDE, *même jeu de scène.*

La perruque de monsieur qu'est tombée sur une voiture de gazon.

MAD. DOUCET, *trépignant.*

Mais, bourreau, vas donc à la ferme.

(*On entend un coup de pistolet dans la chambre de M. Doucet, et aussitôt on voit des flammes par la fenêtre du fond*).

CLAUDE.

Il n'est plus temps.

MAD. DOUCET, *stupéfaite.*

Un coup de feu!.. de quel nouveau malheur suis-je encore menacée?..

SCÈNE XX.

Les Précédens, M. DOUCET, *sortant de sa chambre un pistolet à la main et paraissant dans le plus grand désordre,* ALFRED.

DOUCET, *à Alfred.*

Non, non, je n'écoute rien.

MAD. DOUCET, *effrayée.*

Monsieur Doucet, mon époux, que vas-tu faire?.. (*Elle lui saisit la main qui tient le pistolet*).

DOUCET, *à Alfred.*

Eh! bien, qu'est-ce qu'elle a donc?

MAD. DOUCET, *pénétrée.*

J'ai eu des torts, je les expierai.

DOUCET, *à Alfred.*

Comme ça lui prend. (*haut*). Laissez-moi, madame.

MAD. DOUCET.

Alfred, aidez-moi à ramener mon époux.

DOUCET, *à Alfred.*

Dis-donc, elle croit que j'ai envie de m'en aller.

MAD. DOUCET.

Je t'en conjure, ne mets pas fin à tes jours.

DOUCET, *à Alfred.*

Je veux bien que le diable m'emporte si j'y pensais... mais profitons de son erreur. (*haut*). Il faut mourir, madame... quand on ne peut plus vivre; nous n'avons plus de moyen d'existence.

MAD. DOUCET.

Le travail y suppléra.

DOUCET.

Et qui me garantira la validité de vos promesses?

MAD. DOUCET.

Mon honneur...

DOUCET, *à Alfred, en lui donnant le pistolet.*

Bourre, bourre.

MAD. DOUCET.

Mon amour...

DOUCET, *à Alfred.*

Amorce, amorce.

MAD. DOUCET.

Quarante ans de fidélité...

DOUCET, *à Alfred.*

Une charge de plus.

MAD. DOUCET.

Enfin, mon repentir, qui me fait implorer à genoux le pardon de mes fautes.

DOUCET, *il contemple sa femme à ses genoux, et laisse tomber son pistolet.*

Tu me désarmes !.. je n'y tiens plus, viens dans mes bras femme aimante, étonnante, repentante, séduisante et essentiellement attendrissante. (*Il la relève et la presse dans ses bras*).

SCÈNE XXI.

Les Précédens, JULIE.

JULIE.

Que vois-je, madame Doucet dans les bras de son époux !..

MAD. DOUCET.

C'est ainsi que je prouve que les torts de mon esprit, n'ont point affaiblis les qualités de mon cœur.

JULIE.

Mon oncle, ai-je bien rempli vos intentions ?

DOUCET.

Parfaitement... C'est moi qui ai donné le signal, et le bruit a fait croire à ta tante que je voulais la rendre veuve.

MAD. DOUCET.

Quoi ! ce pistolet n'était pas pour... (*Elle fait le geste de se brûler la cervelle*).

DOUCET.

Non, non, ce n'était pas pour ça. Je n'aime pas les modes anglaises.

MAD. DOUCET.

Je n'en tiendrai pas moins mes sermens.

DOUCET.

Mon cher Alfred, tu m'as été utile, et si tu as jamais besoin d'un compère, je t'en servirai.

ALFRED.

J'espère pouvoir m'en passer.

MAD. DOUCET, *à Julie.*

Ma nièce, que mon retour te serve de leçon.

JULIE.

Ma tante, je tâcherai d'être toujours très-calme, pour n'avoir point à me repentir d'avoir été trop vive.

DOUCET.

Ne parlons plus de cela. (*à sa femme*). Je te rends mon cœur et tes diamans...

(*Il tire de sa poche un écrin qu'il remet à sa femme*).

MAD. DOUCET, *avec joie.*

Mes diamans! ils n'ont donc pas voulu fondre?

DOUCET.

J'aurais plutôt fondu moi-même... ah! ça, mes amis, nous irons célébrer notre raccommodement à la ferme de Beauséjour.

MAD. DOUCET.

Et l'incendie?..

JULIE.

N'était qu'un feu de paille.

MAD. DOUCET.

Ah! je suis bien corrigée!.

CLAUDE.

Eh! ben, notr' maîtresse, vaut mieux tard que jamais.

MAD. DOUCET, *va pour donner un soufflet à Claude.*

Impertinent!..

DOUCET, *la retenant.*

Ma poulette...

MAD. DOUCET.

Pardon, j'oubliais...

DOUCET.

Je conçois... c'est la force de l'habitude, ce que c'est pourtant, chassez le naturel, il revient au galop.

VAUDEVILLE.

Air : *Vaudeville du Coq de village.* (du Vaudeville).

Tâchons qu'nos femm's, par un heureux prodige,
D'viennent tout's des ang's de douceur et d'vertu ;
Et nous dirons, si rien ne les corrige,
A l'impossible, ici, nul n'est tenu.

EN CHOEUR.

Tâchons qu'nos femm's, etc.

DOUCET.

Ayant aujourd'hui comme autrefois les mêmes âmes,
Chaque être sur terr' naît avec le même défaut ;
Et des perroquets, des p'tit's fill's, des chats et des femmes
Chassez l'naturel, il revient toujours au galop.

EN CHOEUR.

Tâchons qu'nos femm's, etc.

LOUISON.

Aux ordres d'ma mèr' je m'suis toujours montré' rebelle,
Quand ell' m'ordonnait de fuir les garçons au grand trot.
J'les cherchions tout d'mêm' je n' sais pas comment ça s'appelle,
Si c'est l'naturel, chez nous il rev'nait au galop.

EN CHOEUR.

Tâchons qu'nos femm's, etc.

CLAUDE.

Mon frère l'normand jurait de d'venir honnête homme ;
Avec la justic', disait-il, on risque par trop.
Il vole l'lend'main, on l'mène en prison... voilà comme
Chassez l'naturel, il revient toujours au galop.

EN CHOEUR.

Tâchons qu'nos femm's, etc.

ALFRED.

Le soldat français en tout temps chérit la victoire;
Aimer, boire et vaincre est et sera toujours son lot.
Veut-il oublier Bacchus, les amours et la gloire...
Chassez l'naturel, il revient toujours au galop.

EN CHOEUR.

Tâchons qu'nos femm's, etc.

JULIE, *au public.*

S'il est parmi vous quelque censeur par trop caustique,
De ces gens fâcheux qui condamnent tout d'un seul mot,
Servez nous contre eux ; enfin, ce soir de la critique
Chassez l'naturel, et qu'il s'en retourne au galop.

Par la douceur, s'il est vrai qu'on corrige,
De le prouver le moment est venu.
L'auteur voulait vous offrir un prodige...
A l'impossible, ici, nul n'est tenu.

EN CHOEUR.

Par la douceur, s'il est vrai qu'on corrige, etc.

www.ingramcontent.com/pod-product-compliance
Lightning Source LLC
LaVergne TN
LVHW010011230826
846092LV00002B/757

* 9 7 8 2 3 2 9 4 1 4 0 1 0 *